OBSERVATIONS

SUR LE BUDGET

DE 1818.

OBSERVATIONS

SOMMAIRES

SUR LE BUDGET

DE 1818;

ET SUR

LES MOYENS DE RENDRE LA RÉPARTITION DE L'IMPÔT FONCIER

MOINS DÉFECTUEUSE.

Par M. LE DUC DE LEVIS.

BIBLIOTHÈQUE ROYALE

A PARIS,

DE L'IMPRIMERIE DE P. DIDOT L'AINÉ,

CHEVALIER DE L'ORDRE ROYAL DE SAINT-MICHEL,

IMPRIMEUR DU ROI ET DE LA CHAMBRE DES PAIRS.

FÉVRIER 1818.

AVERTISSEMENT.

On sait que, dans les circonstances présentes, la Chambre des Pairs n'exerce presque aucune influence sur la Loi annuelle de finance. Dans toutes les sessions qui se sont succédé depuis la restauration, les discussions sur le Budget dans la Chambre des Députés ont été si longues et les besoins de l'État si pressants, qu'il a été impossible de proposer dans l'autre Chambre des amendements dont l'utilité étoit manifeste, mais qui auroient entraîné trop de délais. Cette nullité passagère de la Chambre des Pairs tient au malheur des temps; elle cessera avec les charges extraordinaires qui pèsent sur la France, et qui doivent, nous en avons l'espoir fondé, éprouver, dès l'année prochaine, une notable diminution. A cette heureuse époque, toutes les questions importantes de notre administration financière pourront être traitées dans les deux Chambres avec la maturité qu'elles exigent. Mais jusque-là, ceux des Pairs qui ont fait une étude approfondie de la science dont dépendent aujourd'hui la prospérité et la puissance des nations, auront le droit, ou plutôt le devoir, d'anticiper la discussion qui ne s'ouvre guère que pour la forme dans leur Chambre, et de publier en temps utile des observations qui autrement seroient tardives et superflues.

Si je n'ai point suivi cette marche lors de l'ouverture de la dernière session, du moins, dans l'opinion que je prononçai sur le Budget, je m'attachai à présenter des considérations générales et de tous les temps sur le crédit, les emprunts, sur les sources de la richesse et la théorie encore incer-

taine et contestée, même en Angleterre,
de l'amortissement; et je n'insistai point
sur les modifications dont plusieurs articles
de la Loi me paroissoient susceptibles. La
Chambre des Pairs jugea ce discours digne
d'être conservé. Encouragé par ce suffrage,
et plus encore par l'événement qui a jus-
tifié mes conjectures, je me suis appliqué
avec zèle à la recherche des moyens d'accroître les ressources de l'État sans aggraver
le fardeau déja si lourd des contributions.
L'amélioration et le développement du crédit ont dû fixer mon attention, même avant
la réduction des dépenses : de toutes les
économies, la plus profitable étant celle
que l'on peut faire sur le taux de l'emprunt;
en effet, on épargne alors une partie de ce
que le fisc auroit à payer; et de plus, le
revenu que rapporte la dette publique
étant en général le régulateur du taux

de l'intérêt entre les particuliers, la prospérité de toutes les classes s'accroît à proportion de la hausse des fonds : l'argent
étant moins cher, les manufactures tra-
vaillent à meilleur marché, et soutiennent
mieux la concurrence des fabriques étrangères ; le commerce devient plus entrepre-
nant lorsqu'il peut se contenter de moin-
dres profits, enfin l'agriculture ne refuse
plus à son exploitation les capitaux qu'elle
auroit craint d'emprunter à un intérêt rui-
neux.

L'extrême inégalité de la répartition de
l'impôt foncier, éternel sujet de doléances
fondées, m'a paru un sujet non moins digne
de recherches. Je me suis demandé si au
lieu de s'en tenir à la perspective décou-
rageante que nous offre le directeur du
cadastre lui-même, lorsqu'il annonce qu'il
faudroit encore vingt-cinq ans et cent mil-

lions pour achever ce grand travail, et
pour nous faire jouir de la plénitude de ses
bienfaits, il ne seroit pas possible de par-
venir, provisoirement, sans frais et dès
l'année prochaine, à redresser ce que cette
contribution présente de plus défectueux.
L'égalité rigoureuse et mathématique de
l'impôt est juste et desirable; mais, si l'on
peut l'obtenir, ce qui n'est pas parfaitement démontré, du moins faut-il que chacun puisse l'attendre dans une situation
supportable.

On pourra bien ne pas approuver mes
plans, mais ce qui est incontestable, c'est
que de tels sujets méritent d'occuper sérieusement tous ceux qui ont part au Gouvernement, soit que la confiance du Monarque les ait appelés à diriger la haute administration, soit que la pairie, ou le choix de
leurs concitoyens leur ait donné l'honora-

ble mission de concourir à la formation des Lois. C'est donc à eux que je soumets le résultat de mes recherches, et les observations sommaires que m'ont suggérées quelques unes des dispositions du projet de la nouvelle Loi de finance.

OBSERVATIONS

SOMMAIRES

SUR LE BUDGET

DE 1818.

CONSIDÉRATIONS GÉNÉRALES.

LE Budget de 1818 vient d'être présenté ; un travail si important, composé de tant d'éléments divers, mérite un examen approfondi ; et l'on pourroit accuser de présomption ceux mêmes qui font des finances le sujet habituel de leurs méditations, s'ils n'attendoient pas la discussion qui va s'engager, pour prononcer un jugement définitif sur celle de nos Lois qui offre le plus de difficultés. Cependant il est des faits isolés sur lesquels on peut s'être formé à l'avance une opinion raisonnée, et l'on conviendra que, sans prétendre juger l'ensemble du systême, on peut indiquer une mesure qui paroîtroit nécessaire pour améliorer le crédit.

Dans les temps ordinaires, lorsque le Ministre qui dirige les finances, établissant une balance exacte entre les revenus de l'État et ses dépenses indispensables, écarte soigneusement ces taxes funestes qui, portant sur les capitaux, diminuent la reproduction de tous les genres de richesse; lorsqu'il ne propose que des contributions qui peuvent être également réparties, et dont le recouvrement peu dispendieux n'entraîne point de vexations, lorsque enfin il établit un ordre sévère dans le maniement des deniers publics, une ponctualité imperturbable dans les paiements; on peut affirmer qu'un tel administrateur justifie la confiance du Prince, qu'il mérite les bénédictions de ses concitoyens. Mais, dans ces années de crise et de détresse qui se retrouvent trop souvent dans l'histoire des peuples, quand des fautes, des revers ou des malheurs, élèvent la dépense au-dessus de l'impôt annuel que la nation peut supporter; enfin lorsque les gouvernements sont forcés de recourir au triste expédient des emprunts; alors de nouveaux devoirs sont imposés au Ministre des finances;

dès qu'il invoque le crédit, il faut qu'il aplanisse tous les obstacles qui pourroient arrêter sa marche circonspecte et méfiante ; il se présentera sans doute avec de grands avantages pour inspirer la confiance demandée, s'il peut offrir aux capitalistes l'attrait puissant d'une loyauté éprouvée, d'une fidélité immuable à ses engagements. Le Ministre actuel, je me plais à le reconnoître, peut se prévaloir de ces favorables antécédents. Lorsque l'extrême difficulté des temps fournissoit tant de prétextes pour se dispenser d'une exactitude scrupuleuse, on l'a vu attacher constamment une sorte d'honneur personnel, bien conforme au caractère du Monarque vertueux dont il est le délégué, à tenir religieusement toutes les promesses contractées, à s'astreindre aux échéances convenues ; c'est ainsi qu'il est parvenu à élever graduellement les valeurs du trésor à un taux qui ne le céde point à celui des bonnes maisons de commerce, en sorte que ces avances coûtent moins à l'État que ne coûtent aux particuliers les emprunts dont des immeubles garantissent la sûreté. Aussi les doutes des capitalistes ne portent-ils plus sur l'acquittement de ce genre d'effets : leur défiance va chercher dans un avenir plus éloigné d'autres sujets d'inquiétudes; elles sont fondées non seulement sur des chances politiques que la prévoyance ne sauroit maîtriser, mais encore sur le résultat que l'on peut raisonnablement craindre des fausses combinaisons de finance précédemment adoptées, mais qu'il est en notre pouvoir de modifier.

C'est sous ce dernier rapport que je vais examiner la partie du Budget qui traite de l'emploi du crédit et du mode de paiement de l'arriéré.

DES EMPRUNTS DE 1817.

Lorsqu'on lit dans le Budget que 301 millions ont été empruntés et réellement versés au trésor royal dans l'espace de quelques mois, et lorsque des renseignements particuliers, dont le cours des changes étrangers justifie l'exactitude, démontrent que la presque totalité de ces capitaux a été fournie par des François, on peut s'étonner des immenses ressources d'un pays dévasté par deux grandes invasions consécutives, et privé depuis tant d'années des profits du commerce maritime et du revenu de ses riches colonies. Cependant on auroit tort de conclure du succès de ces emprunts, qu'il eût été possible de lever une pareille somme, ou même la moitié de tous ces millions, par la voie de l'impôt. Cette mesure eût été à-la-fois insuffisante et ruineuse; elle eût écrasé l'agriculture aux abois, paralysé l'industrie déja si languissante; enfin elle eût tari, pour de longues années, les sources de la prospérité renaissante. Il suffit de connoître, même superficiellement, l'état général du Royaume, pour savoir que, si des richesses considérables existent accumulées dans la capitale et dans quelques unes des grandes villes, entre les mains d'une classe très peu nombreuse, cela n'empêche point que les propriétaires des terres ne soient pour la plupart obérés de dettes hypothécaires qui leur ôtent toute aisance, et que beaucoup d'autres n'éprouvent encore les tristes conséquences des innombrables réquisitions qui les ont frappés, d'où il résulte, qu'à l'exception des fermiers, presque tout ce qui habite les campagnes est dans la gêne ou la misère. D'un autre côté, les manufacturiers, fabricants de toute espéce, les artistes, les simples artisans, ne sont guère dans une situation plus heureuse; la plupart sont obligés d'entamer leurs capitaux, ou de prendre sur des épargnes antérieures, pour soutenir leurs établissements, ou même pour défrayer leur consommation journalière.

Que conclure de ce tableau dont la vérité est malheureusement incontestable? C'est qu'à moins de recourir à ces spoliations arbitraires indignes des nations civilisées, à ces avanies inconnues en France avant le régne de la terreur, que la violence exerce sans prétexte et sans pudeur, il n'y avoit de salut à attendre que du crédit. C'est ce qu'avoit annoncé la Commission consultative créée en 1816 ; et peut-être lui doit-on quelque reconnoissance pour avoir indiqué les moyens d'attirer la confiance, de la fixer par la loyauté, tandis qu'elle repoussoit de toute la force de sa conviction l'accroissement de taxes déja trop pesantes, non moins que l'emprunt forcé qui se résout toujours en un impôt illégal et désastreux.

Mais, si l'on peut se féliciter de l'adoption du seul système raisonnable dans les circonstances présentes, il est impossible de ne pas se défendre d'un sentiment pénible, lorsqu'on songe au prix que coûte à l'État l'intérêt des avances exigées par tant de besoins impérieux. Le Budget nous apprend que les 301 millions empruntés cette année sont le produit de 26,711,508 f. de rentes vendues au taux commun de 56 fr. 5 cent. (1). C'est de l'argent qui coûte près de neuf pour cent. Mais ce n'est pas tout : l'amortissement augmente considérablement cette dépense : en effet, cette même rente que le

____

(1) Le Budget porte 56 fr. 50 centimes ; mais c'est une erreur qui résulte sans doute de la transposition du chiffre 5 à la colonne des dixaines.

trésor a vendue à vil prix, il la rachéte de l'autre main, et avec un tel désavantage, que cette
perte, qui n'a jamais été au-dessous de dix pour
cent depuis l'emprunt, a dépassé 25 lorsque
le cours de la rente s'est élevé à 68. Je ne répé-
terai point ici ce que j'ai dit à la Chambre des
Pairs, lors de la discussion du dernier Budget,
sur les avantages et les inconvénients de cette
machine financière, trop décriée par les uns,
beaucoup trop exaltée par les autres. Je per-
siste à croire, et l'expérience semble confirmer
cette opinion, que l'amortissement, très utile,
comme le plus avantageux des modes de remboursement, lorsqu'il existe un excédant de
revenu, est encore un mal nécessaire quand
on emprunte : mais on doit alors s'en servir
comme de ces remèdes dont il faut user avec
un grand ménagement, parcequ'ils altèrent la
constitution du malade et qu'ils rendent sa
convalescence plus longue et plus pénible.
Peut-être a-t-on excédé en France la proportion convenable entre le capital de la dette et
le fonds destiné au rachat, sur-tout si l'on s'obs-
tinoit à ne pas l'employer à éteindre toutes les
parties de la dette : quoi qu'il en soit, et c'est
une idée consolante pour l'avenir, on ne sau-

roit douter que le désavantage ne diminue pour l'État, lorsque les profits des entrepreneurs de l'emprunt deviendront plus modérés ; cette année, ils ont été énormeś ces profits. A présent que les décomptes sont connus, on sait que dans les deux premiers emprunts, le gain a été de 16 et demi pour 100 sur la valeur nominale. Mais comme les souscripteurs n'ont déboursé que 14 et demi de cette même valeur, il en résulte qu'ils ont gagné plus de cent pour cent sur leurs avances. Exemple : celui qui a souscrit pour 1 million n'a payé que 145,000 f.; on lui rend 310,000 fr. : bénéfice, 165,000 fr. Le troisième emprunt a été moins avantageux : on retire 30 pour 20 que l'on a versé ; ainsi l'on ne gagne que cinquante pour cent dans l'espace de quelques mois. Cela n'est-il par exorbitant ! et cependant, en publiant ces détails, je n'ai point l'intention de jeter de la défaveur sur cette spéculation ; mais je crois utile d'expliquer ce que beaucoup de personnes ne veulent point comprendre, comment les prêteurs ont pu retirer de leur argent plus de cent pour cent dans un emprunt qui ne coûte réellement à l'État que neuf pour cent. Il n'y a, au reste, de reproches à faire ni au Ministre qui a souscrit

le traité, ni à ceux qui en ont profité. A l'égard
du Ministre, dès que la nécessité d'emprunter
étoit reconnue, il ne pourroit encourir de
blâme qu'autant que l'emprunt auroit pu être
conclu à meilleur marché. Or il est notoire que
le défaut de concurrents d'une solvabilité reconnue mettoit, pour ainsi dire, les termes de
cette négociation à la merci de ceux avec qui
l'on a traité, négociants qui réunissoient à un
crédit immense et au caractère le plus honorable, l'avantage de relations politiques dont
la France pouvoit tirer un grand parti. Dira-
t-on que l'on pouvoit recourir à la vente partielle des rentes? mais l'opinion unanime de
ceux qui connoissoient la place étoit que ce
mode auroit fait baisser avec une rapidité ef-
frayante le cours de tous les effets publics, ce
qui auroit rendu bien plus considérables les
sacrifices auxquels on a été obligé de consentir.
Quant aux banquiers, l'opération étoit aussi
licite que toute autre entreprise commerciale,
que tout autre contrat aléatoire dont les lois
divines et humaines permettent de courir la
chance incertaine (1). Je voudrois même (pour

____

(1) Il étoit très peu vraisemblable que la rente dût
tomber au-dessous de 56 francs, prix commun des em-

cette fois seulement) exciter par le récit de ces gains merveilleux la cupidité, cette passion favorite de l'âge présent; cela ne devroit pas être difficile; si l'on y parvenoit, si la foule se pressoit aux portes du temple de Plutus, une telle concurrence reléveroit nécessairement le crédit. Le Ministre, obligé jusqu'ici de mendier des secours, que la demande ne manque jamais de renchérir, recevroit des propositions moins disproportionnées aux foibles risques que courent les prêteurs. Ces offres se rapprocheroient graduellement du taux si bas que l'Angleterre, dont, après tout, les ressources ne sont pas supérieures aux nôtres, paye aujourd'hui pour les avances que les besoins de son service exigent; enfin, on ne verroit plus se renouveler l'étrange bévue de tant de capitalistes françois, qui leur a fait acheter, cette année, des banquiers étrangers, de 60 à 68 f.

---

prunts : cependant cela étoit possible. Mais dans ce cas même, les souscripteurs n'auroient perdu, que si par pusillanimité, ou faute des moyens pour acquitter les termes de leurs engagements, ils s'étoient hâtés de vendre à ces vils prix qui ne pouvoient être que momentanés. Ceci prouve que ces sortes de spéculations exigent du sang-froid, de l'argent et du crédit.

2

ces mêmes rentes dont le Gouvernement leur eût bien volontiers donné la préférence à 56.

Cependant, il faut le dire, deux obstacles réels s'opposent au développement de notre crédit; tant qu'ils existeront, les fonds françois n'atteindront point l'élévation que devroient leur assurer et la solidité du gage sur lequel ils reposent, et la loyauté éclairée du Gouvernement royal qui, dans le premier et le plus solennel de ses actes, s'est empressé de reconnoître et de garantir la dette publique. J'ai dit que ces obstacles étoient réels, mais ils sont éventuels, indéterminés, et l'incertitude ajoute à l'effroi qu'ils inspirent. On pourroit les comparer à ces montagnes élevées qui se présentent à l'horizon la tête enveloppée de nuages : l'imagination accroît indéfiniment leur hauteur, et se persuade qu'elles sont inaccessibles.

On conçoit aisément que je mets en première ligne la liquidation définitive des créances étrangères : sur cet objet, que la malveillance exagère jusqu'au ridicule, nous devons être aussi réservés que le monarque lui-même : la France entière se repose avec confiance sur cette heureuse alliance d'une sage modération et d'une inébranlable fermeté, qualités qu'il a déployées dans des circonstances non moins difficiles. Mais il est un autre sujet d'inquiétudes : celui-ci, indépendant des chances politiques, de l'événement d'une négociation, provient d'une fausse combinaison financière. Si l'on peut y apporter reméde, la chose en vaut la peine : il s'agit d'une vingtaine de millions *de rentes*, d'un capital de quelques 400 millions qui peuvent être ajoutés gratuitement à la masse déja si considérable de nos dettes.

DE L'ARRIÉRÉ ET DES RECONNOISSANCES DE LIQUIDATION.

Lorsque l'on s'est déterminé à acquitter la dette arriérée en reconnoissances payables en 1823 et années suivantes, soit en argent, soit en rentes au cours qu'elles auront à cette époque, les motifs allégués en faveur de ce mode de paiement étoient plausibles. Il étoit notoire que l'argent manquoit, ou plutôt qu'en payant ces créances en espéces, il n'en seroit point resté une quantité suffisante pour subvenir au service courant, augmenté des besoins immenses et pressants que les circonstances imposoient à la France. Jamais l'empire de la nécessité, celui que les lois ont prévu sous le nom de force majeure, ne fut plus manifeste. Ainsi, en promettant de payer la dette exigible dès que la cessation des charges extraordinaires permettroit de le faire, c'étoit remplir les devoirs de la loyauté. On peut même ajouter qu'il y avoit quelque mérite à déclarer, malgré tant de clameurs élevées par les préjugés plutôt que par la mauvaise foi, que tous les créanciers seroient payés intégralement; mais

si ceux de l'arriéré ne pouvoient point se plain-
dre d'un retard qui n'étoit pas volontaire, ils
n'en avoient pas moins droit à une indemnité
qui pût compenser une partie de la perte que
ces délais leur faisoient éprouver. Les traiter
comme les possesseurs de la dette constituée
n'étoit pas équitable, parceque leur position
n'étoit point la même; jamais ils n'avoient en-
tendu, comme ceux-ci, aliéner leurs fonds à
perpétuité moyennant un intérêt convenu.
Ils avoient, au contraire, compté sur le remboursement prochain de leurs avances et du
prix de leur travail : sans cette stipulation, ils
n'auroient point traité. En vain disoit-on que
les propriétaires des cinq pour cent consolidés
étoient encore plus mal traités, puisqu'ils
avoient essuyé l'énorme perte des deux tiers
de leurs revenus. Une injustice n'en excuse
point une autre; ce n'est pas même un prétexte
lorsque l'analogie n'est pas exacte. A l'égard
de la fixation de l'indemnité qu'il convenoit
d'allouer, elle étoit facile à déterminer; on en
pouvoit trouver la base dans la loi commune
qui autorise en France deux taux différents d'intérêts, qui fixe à cinq pour cent celui des fonds
placés par hypothèque, à six celui des capitaux

du commerce. Les créanciers de l'arriéré avoient
certainement droit au taux le plus avantageux ;
et comment ne pas les assimiler aux négociants
qui s'embarquent dans des spéculations hasar-
deuses, lorsque l'événement prouvoit que celles
qu'ils avoient faites avec le Gouvernement
étoient de cette nature ?

Ces idées ne sont point nouvelles. Assez
long-temps avant la discussion du Budget
dans les Chambres, j'avois traité cette importante question de l'arriéré, dans un écrit inti-
tulé : *Considérations morales sur les Finances.*
J'avois observé (page 111) que si le Ministre
qui dirigeoit les finances en 1814 avoit eu le
mérite et l'honneur de proclamer les seuls principes qui soient dignes d'un Gouvernement
légitime, mais qui étoient depuis si long-temps
méconnus en France, et comme tombés en dé-
suétude, il n'en avoit pas moins montré une
munificence excessive envers les créanciers de
cette partie de la dette, en leur donnant des obli-
gations qui rapportoient huit pour cent par an.
J'avois fait remarquer que cette libéralité sans
mesure provenoit de ce qu'il avoit pris le cours
de la rente pour base de son plan, au moment
où il le composoit, tandis que de toutes les

choses variables, aucune n'est plus incessam-
ment mobile que le cours de la bourse, chan-
geant de jour en jour, que dis-je, d'heure en
heure; mais d'un autre côté, je prouvois que
ceux-là tomboient dans un excès contraire,
qui refusoient d'allouer le taux légal de l'intérêt commercial à des créanciers dont on
ajournoit le remboursement stipulé. Ce qui
étoit vrai alors l'est encore aujourd'hui. La justice et la raison, ces sœurs immortelles, ne
perdent jamais leurs droits. La loi en a décidé
autrement : mais, comme disoit le grammai-
rien, ma remarque subsiste.

Or, il est arrivé que, sans compter la perte
considérable éprouvée par ceux des créanciers
qui ont été obligés de vendre, le mode du paiement a exercé sur le crédit public l'influence
la plus fâcheuse. Ce sera bien pire encore à
l'avenir, si l'on ne se hâte d'y porter remède.
Ce n'est donc plus dans l'intérêt de la morale
que je vais parler, c'est dans l'intérêt du fisc.
Mais, je dois l'avouer, tout en déplorant les
conséquences funestes d'un mauvais système,
j'éprouve quelque satisfaction en voyant que
l'expérience consacre la justesse du principe:
« qu'en finance comme en politique, l'injustice
« porte sa peine. »

Les partisans des reconnoissances de liquidation, ceux qui ont insisté pour l'adoption de
ce plan, s'étoient flattés que le cours des rentes
ne seroit point avili par l'émission de ces nouveaux effets ; ils ne doutoient point que l'enga-
gement formel de payer intégralement leurs
créances ne déterminât ceux à qui elles appar-
tenoient à les conserver jusqu'à l'époque du remboursement ; mais ils n'avoient pas assez songé
à la position fâcheuse où se trouvoit le plus
grand nombre de ces créanciers. Il n'étoit cependant pas difficile de prévoir qu'une grande
partie des capitaux placés dans cette espèce
d'emprunt forcé ne leur appartenant pas, leurs
besoins seroient tellement impérieux que la
plupart des reconnoissances ne pourroient pas
rester dans les premières mains qui les rece-
voient. Dès-lors, la concurrence des vendeurs
devoit naturellement occasioner une baisse
dans les prix, et la rente devoit s'en ressentir,
parceque cet emploi détournoit une bonne
partie des fonds qui se seroient portés sur la
dette constituée.

On auroit évité ces inconvénients si, à l'ap-
pui d'une promesse dont l'accomplissement,
étant très éloigné, devoit par cela même pa-

roître incertain , on avoit ajouté l'avantage
actuel d'une prime annuelle d'intérêt. Cette
preuve irrécusable de loyauté inspirant une
véritable confiance à des créanciers si long-
temps négligés , leur auroit inspiré le plus vif
desir de conserver leurs liquidations , et elle
leur en auroit facilité les moyens, parceque
ces effets, prenant plus de faveur et augmentant de valeur vénale, auroient pu alors servir
de gages à des emprunts sur dépôts.

C'est faute d'avoir pris ces mesures, que l'on
a vu décroître progressivement la valeur des
reconnoissances : elles en sont même venues à
un tel point d'avilissement relatif, que pendant plusieurs mois, leur prix n'excédoit que de
trois pour cent celui de la rente. Ainsi, pour
la chétive somme de 3ooo fr., on achetoit la
chance de recevoir en 1823 cinq mille francs de
rente, dans l'hypothèse malheureusement très
possible, et que ce discrédit rendoit plus probable, où la rente seroit tombée à cette époque à 5o fr. (1).

____

(1) Lorsqu'on achéte des *reconnoissances*, en payant
seulement trois de différence au-dessus du prix de la
rente, on ne peut éprouver de perte qu'autant que le

L'avilissement progressif des reconnoissances pouvoit même influer d'une manière fâcheuse sur notre situation politique, en présentant à la nation et aux étrangers l'apparence d'une grande méfiance dans les promesses, et par conséquent dans la stabilité du Gouvernement, apparence dont les malveillants ne manqueroient pas de tirer parti. Mais indépendamment des considérations de ce genre, les conséquences directes de cet état de choses étoient doublement déplorables. Si d'un côté, la plupart des capitalistes anglois, ainsi que ceux du continent, qui ne voyoient nos affaires que de loin, et qui ne jugeoient que par les résultats, concevoient trop d'alarmes pour s'intéresser dans nos fonds, quel que fût l'avantage qu'ils auroient trouvé dans ce placement; de l'autre,

---

cours seroit, aux époques fixées pour le remboursement, au-dessus de 97. Si même la rente étoit au pair, celui qui a acheté une reconnoissance de 100 mille francs pour 68 mille, tandis qu'il auroit pu acquérir autant de rente pour 65 mille francs, perdroit la totalité de ses trois mille francs. Mais dans cette hypothèse, la plus fâcheuse de toutes, il se consoleroit aisément de cette perte, puisque ce ne seroit qu'une légère diminution sur le profit de 35,000 fr. qu'il auroit eu en totalité s'il avoit employé son argent en rentes.

quelques maisons étrangères plus entrepre-
nantes et plus avisées étoient venues exploiter
cette mine précieuse et délaissée, profitant de
la détresse des créanciers de l'arriéré pour obtenir à vil prix leurs reconnoissances ou même
leurs titres, avant que la liquidation en fût
consommée. Cela est d'autant plus triste que
les bénéfices seront perdus sans retour pour la
France : mais le mal ne s'arrête pas là ; il peut,
il doit avoir dans l'avenir des conséquences
plus étendues. Ceux qui achétent les reconnoissances se trouvent, par le mode bizarre
adopté pour le paiement, dans une situation
inverse de tous les acquéreurs de créances publiques ou particulières, dont l'intérêt se lie
naturellement à celui de leurs débiteurs : ici
c'est tout le contraire, les possesseurs des reconnoissances ont intérêt, et un immense intérêt au discrédit de la France, à une époque
donnée : et il est fort à craindre qu'ils ne se
bornent pas alors à appeler ce malheur par
leurs vœux ; parmi eux, il en est dont les
moyens sont puissants, qui jouissent d'un crédit étendu, qui connoissent tout aussi bien que
nous l'extrême mobilité des fonds françois et
l'inconcevable crédulité du peuple ignorant et

léger qui fréquente la bourse de Paris (1). At-
tendez-vous donc qu'aux époques des rembour-
sements, les manœuvres les plus adroites, les
nouvelles politiques les plus menaçantes, s'il
le faut même, de grands sacrifices d'argent,
tout sera réuni pour faire réussir ce que l'on
nomme une grande spéculation à la baisse. Si
l'on parvient à déprécier la rente, ou seulement à la faire rester au taux de 65 fr. où elle
est aujourd'hui, voyez quel avantage pour les
possesseurs de reconnoissances; au lieu de réa-
liser leur gain déja bien considérable, puisqu'ils n'ont déboursé que 70 mille, ou même
68 mille fr. pour en recevoir 100 mille, ils gar-
dent les 7692 fr. de rentes qu'ils ont reçus pour
leur paiement définitif; puis ils font, ou plutôt

---

(1) Au reste, je ferai remarquer dans l'intérêt de
l'amour-propre national, qu'à Londres où l'on entend si
bien les principes du crédit, la théorie et la pratique des
spéculations commerciales de tous les genres, les habi-
tués de la bourse savent encore moins que les François
se garantir de l'influence des mauvaises nouvelles. Les
bruits absurdes, les contes les plus ridicules y produisent souvent et la hausse et la baisse des fonds. On diroit
que cette maladie de l'esprit tient de la nature du brouil-
lard, toujours plus épais en raison de la grandeur des
villes.

ils laissent remonter le cours, car la tendance
naturelle des effets publics d'un pays comme
la France est vers une hausse progressive que
des causes accidentelles peuvent bien arrêter,
mais non détruire. Supposons qu'ils terminent
l'opération lorsque la rente a atteint $82\frac{2}{3}$, c'est-
à-dire lorsque l'argent placé de cette manière
rapporte encore six pour cent, et cette espé-
rance n'est assurément point exagérée, le calcul démontre que pour 70 mille fr., ils retirent
plus de 127,000 fr.; mais on pourroit, sans sortir
des limites du possible, et seulement en sup-
posant des chances très favorables aux spécu-
lateurs, présenter une hypothèse où leur bénéfice seroit véritablement énorme. Si la rente
tombée à l'époque du remboursement à 5o fr.
remontoit ensuite jusqu'au pair, ils n'auroient
pas moins de 2oo mille fr. pour 70 mille.

Telles sont les brillantes espérances qui sou-
rient dans l'avenir aux acquéreurs des reconnoissances, et c'est précisément ce qui rend
cette combinaison si dangereuse pour les finances françoises. On voit à combien peu il tient
que le capital de la dette arriérée ne soit payé
deux fois. Et ce qui est aussi triste que singu-
lier, c'est que ce mode de paiement qui peut de-

venir si dispendieux pour l'État, est également désavantageux pour la plupart des créanciers originaires auxquels il coûtera environ le tiers de ce qui leur étoit légitimement dû.

Si, depuis quelques semaines, les reconnoissances se sont un peu relevées relativement à la rente, cette amélioration n'a eu lieu que sur la nouvelle généralement répandue qu'il alloit être pris enfin des mesures pour soutenir ces valeurs avilies. On assura que le Gouvernement alloit proposer d'employer à ce genre de rachats le prix des bois que la Loi de 1817 destine à l'amortissement de la dette. Cette mesure quoique insuffisante étoit si plausible qu'elle s'accrédita aisément, et quand le Budget parut, on fut surpris de ne pas l'y trouver. Cependant ces bruits n'étoient pas sans fondement, mais il paroît que le projet, d'abord accueilli par l'administration, a été repoussé par la caisse d'amortissement. S'il en est ainsi, ce doit être un nouveau sujet d'étonnement. En effet, il n'est pas aisé de comprendre quelle influence les honorables surveillants de cet établissement prétendent exercer sur les mesures législatives qui doivent régler à l'avenir le mode ou la quotité du rachat de la dette publique.

Gardiens vigilants de l'important dépôt qui leur est confié, leur droit est de constater que les fonds alloués par le Budget sont régulièrement versés dans la caisse, et qu'ils sont scrupuleusement employés à leur destination; leur devoir seroit de dénoncer aux Chambres, au Roi, à la nation, la plus légère infraction à la Loi qui les institue. Là se borne leur mission.

Au reste, nous ne pensons pas qu'il suffit d'appliquer à cette destination spéciale, le prix des 25 mille hectares de bois dont la vente est annoncée, pour relever d'une manière solide et durable le cours avili des reconnoissances. Voici nos motifs : en matière de crédit, il faut par-tout, mais peut-être en France plus qu'ailleurs, frapper fortement l'opinion, ce qui suppose une mesure à-la-fois grande et instantanée; car ce que l'on voit en finance dans l'éloignement, diminue dans une proportion qui décroît plus vite que les objets soumis aux lois de l'optique. Or rien n'indique l'époque fixe de l'aliénation de ces domaines; le prix que l'on en retirera est encore plus incertain, et cependant mille obstacles peuvent s'opposer à la vente, l'intérêt même du fisc, celui des propriétaires qui possèdent des forêts, enfin le manque d'acheteurs.

Heureusement qu'il existe des moyens bien autrement assurés et puissants de ramener à leur valeur réelle les créances de la dette arriérée ; et d'abord remarquons (on peut s'en féliciter) que, depuis deux ans, nous avons fait un grand pas dans la carrière du crédit. Cet inestimable avantage, nous le devons peut-être moins aux principes honorables proclamés constamment par le gouvernement du Roi, qu'à l'exactitude des versements faits à la caisse d'amortissement, en conformité de la Loi de finances. Le Ministre a parfaitement senti toute l'importance qu'il y avoit à ne pas laisser cette partie du service en souffrance, quelle que fût la difficulté des temps et la pénurie du trésor; en même temps, il faisoit les sacrifices nécessaires pour assurer la ponctualité du paiement des arrérages de la dette : c'est ainsi qu'il est parvenu à dissiper les justes méfiances nées de l'incurie ou de la déloyauté des Gouvernements antérieurs. Cet état de l'opinion publique seconde merveilleusement les effets matériels de l'amortissement. Il ne reste plus qu'à employer le plus utilement possible les fonds destinés à notre libération. Mais rien assurément n'est plus avantageux que d'annuller la chance redoutable qui peut se présenter à l'époque du remboursement des reconnoissances de liquidation. Ajoutons, et cette considération est d'un grand poids, que l'on n'éprouvera pas sur les fonds employés à cette espèce de rachats, la perte considérable qu'il faut subir sur les sommes avec lesquelles on rachète des rentes, lorsque l'on vend des emprunts en masse au-dessous du cours : vérité que nous avons démontrée dans le chapitre précédent.

Il n'est pas aisé de concevoir comment l'intérêt évident qu'il y avoit à racheter des reconnoissances, n'a pas décidé la caisse d'amortissement à employer de cette manière une partie de sa dotation. Si le respectable directeur de cet établissement ne s'est pas cru suffisamment autorisé par la Loi, c'est qu'il n'a pas assez réfléchi sur la nature de la reconnoissance qui n'est au fond qu'une rente renforcée d'une prime ; et si, dans le doute, il eût consulté le Ministre, nous osons croire que ses scrupules eussent été bientôt levés. Au reste, il est peut-être plus convenable que le Budget fixe d'une manière précise la somme qui doit être consacrée à cette destination, nous proposons de la porter au quart de la dotation primitive, c'est-à-dire à 10 millions, en observant que les rentes rachetées, qui s'élèvent déja à près de 6 millions, combleront bientôt ce vide, si l'on peut toutefois désigner ainsi le plus utile des emplois.

Mais celui de tous les moyens qui me paroit le plus puissant pour remédier aux inconvénients du mode actuel du paiement de l'arriéré, sans rapporter la Loi qui l'ordonne, seroit la conversion des rentes possédées par les établissements publics en reconnoissances de liquidations (1). Les immenses charges qui pèsent encore sur la France, leurs suites qui se feront sentir long-temps après qu'elles auront cessé, ne permettent pas d'espérer que les 5 pour 100 consolidés atteignent le pair, à l'époque indiquée pour le remboursement de la dette de l'arriéré ; dès-lors les possesseurs de ces créances recevront un supplément de rentes ; et si les circonstances politiques présentoient des in-

____

(1) Les rentes qui appartiennent à la Légion d'honneur, à la caisse des invalides de la marine, aux hospices, aux communes, etc. s'élèvent à plus de 12 millions.

quiétudes ou seulement des doutes, ce supplément pourroit doubler leur revenu primitif.
On peut, d'après cette observation, juger combien il seroit avantageux d'admettre une combinaison qui feroit tourner au profit de l'État,
ou, ce qui revient au même, des établissements qu'il soutient, le gain que feroient des
individus, dont il y a même lieu de croire
qu'un grand nombre seroient étrangers.

L'utilité du plan étant évidente, il importe
de prévoir, pour les vaincre, quelques difficultés d'exécution. La plus considérable provient
de la perte d'une légère portion de revenu que
les établissements feroient pendant cinq ans;
cette perte seroit en raison de la différence
qu'il y auroit entre les prix qu'ils obtiendroient
de la vente de leurs rentes, et celui des reconnoissances qu'ils achéteroient en échange. A
l'égard de la perte qu'en définitif ils pourroient
éprouver, cette chance est, comme je l'ai dit,
malheureusement trop improbable pour s'en
occuper sérieusement; et enfin, si elle arrivoit,
nos finances se trouveroient dans un tel état
de prospérité, que le Gouvernement seroit parfaitement en mesure d'indemniser les établissements qui auroient été lésés. Une seconde

objection est dans le concours certainement nuisible au succès de l'opération, de plusieurs administrations qui auroient à vendre simultanément des rentes, et à les remplacer par des reconnoissances. Nous pensons que l'on éviteroit les deux inconvénients que nous venons de signaler, en confiant exclusivement l'exécution de cette mesure importante à la direction d'un établissement qui jouit depuis long-temps d'une estime méritée, qui est habituée à tous les détails d'une grande comptabilité, et qui n'agit que sous la surveillance la plus complète et la plus honorable. On s'aperçoit sans doute que nous avons en vue la caisse des dépôts et consignations ; la loi qui la chargeroit de recevoir et de convertir en reconnoissances de liquidation tout ou partie des rentes inscrites sur le grand-livre appartenant aux différents établissements publics, lui imposeroit en même temps l'obligation de leur payer intégralement les mêmes arrérages qu'ils touchent aujourd'hui. Lors du réglement définitif des reconnoissances, le décompte de ses avances et des intérêts à cinq pour cent qu'elles auroient produites seroit retenu sur les bénéfices de l'opération ; le surplus des rentes supplémentaires seroit partagé par moitié entre l'établissement qui auroit fourni les inscriptions et la caisse d'amortissement. De cette manière, le service des établissements publics qui se passeroient difficilement de la moindre partie de leurs revenus, n'est point compromis; et le mode du remboursement des reconnoissances qui pourroit être si préjudiciable aux intérêts de l'État, lui devient presque indifférent.

Il nous semble que la solution du problême est complète. Nous n'entrerons point dans des détails qui seroient ici déplacés : nous dirons seulement, qu'en laissant une grande latitude à la caisse des dépôts pour l'exécution et les époques de ses opérations, il sera convenable de fixer les limites de la proportion relative entre le prix de la reconnoissance et celui de la rente, limites qu'elle ne pourra point dépasser (1).

____

(1) Cette différence aujourd'hui de 5 est encore bien éloignée de ce qu'elle devroit être; le calcul du placement en reconnoissances que l'on suppose achetées au cours de 70, donne jusqu'à l'époque du remboursement de ces effets 15 $\frac{5}{7}$ pour cent par an. Le placement en rentes au cours de 65 rapporte 7 $\frac{7}{13}$. Tels sont les éléments de la différence réelle entre ces deux valeurs, en

Après avoir indiqué comment on peut anéantir un des plus grands obstacles qui s'opposent au développement du crédit, sans qu'il en coûte rien à l'État, et cependant en favorisant une classe de créanciers envers laquelle on n'a pas été complétement juste, il nous paroît convenable d'examiner jusqu'à quel point il seroit possible d'accroître la partie mobile et disponible de la richesse, la seule dont le crédit puisse faire usage. Pour rendre ces recherches utiles, il n'est pas nécessaire de s'enfoncer dans le labyrinthe de l'économie politique, de comparer entre eux les différents systêmes sur l'origine des capitaux, sur les sources de la richesse : il semble que ces sources sont devenues plus troubles depuis qu'on s'efforce de les creuser. Dans le fait, ces questions complexes

---

ayant toutefois égard à ce que le porteur de reconnoissances ne touche annuellement que $7\frac{4}{7}$ sur les $15\frac{4}{7}$ qu'il recevra accumulés lorsque l'État se libérera avec lui.

Au reste, il est évident que ces calculs changent avec le cours de la rente, même lorsque la différence entre son prix et celui de la reconnoissance ne varie pas. La plus value de ce dernier effet décroît à mesure que la rente hausse : il le faut bien, puisque si elle étoit au pair, la reconnoissance et la rente se confondroient.

et ardues amusent les esprits spéculatifs que parfois elles égarent : trop souvent elles embrouillent les notions du bon sens; c'est à lui que j'aime à m'adresser; c'est lui dont j'ambitionne le suffrage : car les vérités simples seront éternellement les plus utiles. Il me suffira donc de rappeler que ce qui augmente la richesse générale, en d'autres termes, la prospérité des nations, ce sont des lois justes et stables, une administration sage et éclairée qui ne perd aucune occasion d'encourager les entreprises utiles, de favoriser les spéculations raisonnables du commerce et de l'industrie, qui surtout dans ses réglements de douane, ainsi que dans la perception des impôts indirects, repousse toute idée d'extension et de fiscalité, et jamais ne souffre, de la part de ses agents, ni empiétement, ni arbitraire, enfin un Gouvernement à-la-fois modéré et ferme, et par conséquent respecté, qui entretienne la paix au-dehors, la tranquillité au-dedans. Tels sont les éléments de la richesse parmi lesquels il faut compter la persévérance, ce qui suppose le temps. Mais il existe un mode d'employer sur-le-champ la richesse acquise de manière à doubler, à tripler ses effets. Les banques de circulation produisent cette merveille. J'ai cru devoir donner quelque étendue à mes réflexions sur ce sujet, dont l'importance est généralement sentie, dont les principes sont maintenant connus en France, mais dont l'application présente encore des doutes qui doivent être éclaircis.

DES BANQUES DE CIRCULATION ET PRINCIPALEMENT DE LA BANQUE DE FRANCE.

Lorsqu'un Gouvernement professe des principes de loyauté que sa conduite ne dément point ; quand son économie est éclairée, ses mesures sages, ses combinaisons habiles., la confiance qu'il inspire lui donne un crédit dont les limites n'ont de bornes que celles des capitaux disponibles. C'est donc pour lui-même qu'il travaille, lorsqu'il cherche à accroître cette espéce de richesse. S'il n'appartient qu'au travail persévérant, à l'industrie active et heureuse de créer, à l'aide du temps, de nouveaux capitaux, il n'est pas moins vrai. que l'administration peut donner à l'instant le mouvement et la vie à des valeurs inertes et dès-lors aussi inutiles que l'or et l'argent encore enfouis dans les profondeurs de la terre. De tous les moyens que l'esprit humain a inventés pour augmenter la circulation de la richesse, source la plus féconde de prospérité et de force chez les nations modernes, il n'en est pas de plus puissant que les banques publiques : leurs effets prodigieux doivent les placer au même rang

que ces deux fameuses inventions qui ont chan-
gé la face du globe. Ce que l'imprimerie a fait
pour la communication des pensées, les banques l'ont produit sur les relations commerciales, le travail de tout genre, et par conséquent sur la population; et elles n'ont pas
moins accéléré les progrès de la civilisation que
les armes à feu à qui l'on doit, comme je l'ai
démontré dans un autre écrit, la destruction
de la féodalité. Aujourd'hui elles sont devenues
un besoin indispensable pour toutes les socié-
tés policées. Sans les banques, le commerce et
l'agriculture ne sauroient prendre d'extension :
et n'est-il pas évident que, quand tout le monde
marche, celui qui reste stationnaire se trouve
bientôt fort loin en arrière des autres.

Ce sont les mines du Pérou, ce sont les trésors
d'un nouvel hémisphère qui ont excité l'activité
inouie du quinzième siècle : au dix-huitième,
les mines de papier ont produit des effets plus
étonnants encore. Mais lorsque la prudence n'en
dirige pas l'application, l'emploi de ces grands
moyens du génie de l'homme n'est pas moins
sujet à des dangers, que celui des pouvoirs de
la nature. Le vent qui pousse le navire dans le
port submerge le nautonier téméraire qui porte

trop de voiles ; et le mineur qui fait sauter un quartier de rocher périt victime de l'explosion qu'il a mal calculée.

Ainsi nos aïeux ont vu la France bouleversée par l'extension désordonnée d'une banque qui auroit rendu de grands services aux particuliers et à l'État, si elle avoit été restreinte dans les limites fixées par la raison.

En Angleterre, pendant ces deux dernières années, le nombre excessif des banques (chaque comté et presque chaque bourg en avoit une) a contribué pour beaucoup à l'affreuse misère qui a désolé tant de milliers de familles laborieuses dans ces mêmes provinces dont le papier de crédit avoit si prodigieusement accru la population et les richesses. Ce n'est pas en France, du moins d'ici à long-temps, que nous aurons à redouter des excès de ce genre, nous qui n'avons pas encore de banques dans nos plus grandes places de commerce, à Lyon, Bordeaux et Marseille. Ce n'est que depuis quelques mois qu'il en existe à Rouen et à Nantes : en les autorisant, le Gouvernement n'a fort sagement exigé d'autre prix de sa sanction que des statuts calculés dans l'intérêt des actionnaires et du public, et à la tête de l'association , une réunion de ces noms respectables qui commandent la confiance , base de tout crédit. Espérons que nos principales villes de manufactures suivront cet exemple salutaire. L'industrie languissante trouvera , dans des banques convenablement instituées, des ressources inépuisables, parceque l'abondance des richesses qu'elles mettent dans la circulation réprime le fléau de l'usure bien plus efficacement que la rigueur des lois auxquelles la mauvaise foi a tant de moyens de se soustraire. Le fardeau des contributions deviendra moins lourd à supporter ; lorsque le commerce, reprenant son activité , ouvrira plus de débouchés aux produits du sol, lorsque le travail encouragé donnera plus de profits. Enfin, les consommations de tout genre, augmentant avec l'aisance générale, l'impôt indirect sera d'un plus grand rapport, et l'agriculture qui gémit depuis si longtemps sous le poids d'une taxe oppressive, hors de toute proportion avec celles que supportent les autres professions de la société , pourra être soulagée, sans que le revenu de l'État soit affoibli.

Tels sont les inestimables avantages que l'on peut espérer des banques de circulation. On sait aujourd'hui combien il seroit chimérique de les attendre du grand établissement qui porte le titre trop fastueux de Banque de France, puisque ses billets n'ont guère de cours au-delà de la banlieue de la capitale. C'est en vain que l'on avoit cherché à fonder des comptoirs à Lyon, à Lille et à Rouen : ces tentatives ont été par-tout repoussées par les banquiers de ces diverses places, dont elles envahissoient les profits ; ils étoient secondés par cette méfiance que les assignats, de ruineuse mémoire, ont laissée dans toutes les provinces contre les valeurs fictives. Il faut le dire, cette répugnance ne sera même jamais surmontée que par une confiance pour ainsi dire locale, inspirée par des signatures connues, depuis long-temps éprouvées, et au-dessus du soupçon.

Mais si la banque de France ne peut suffire à entretenir l'immense circulation des richesses disponibles, nécessaire aux besoins d'une nation de vingt-neuf millions d'hommes répandus sur un territoire si étendu, on ne sauroit, sans injustice, méconnoître les grands services qu'elle a rendus au commerce de la capitale dans les temps les plus difficiles, et malgré deux terribles invasions : elle doit lui en rendre encore, ainsi qu'au Gouvernement, à qui elle sera d'autant plus utile qu'il saura mieux respecter son indépendance : il connoît, comme nous, la nécessité de ces ménagements. On peut s'en convaincre en lisant dans le compte annuel qui vient d'être rendu aux actionnaires, que c'est toujours librement, et pour ainsi dire comme de puissance à puissance, que l'administration de la banque a traité avec le Ministre des finances. Les temps ne sont donc plus où le despotisme militaire qui opprimoit la France forçoit la banque à doubler son capital, qui n'étoit déja que trop fort, à le porter de 45 millions à 90, pour satisfaire aux prétendus besoins du commerce, que d'absurdes décrets frappoient en même temps de léthargie. Le but véritable étoit d'obtenir par astuce le crédit que la confiance refusoit, et de convertir un établissement de circulation en une maison de prêt qu'il prétendoit exploiter à son profit. C'est ainsi que, malgré la répugnance des intéressés, il est parvenu à extorquer à la banque une somme de 54 millions. Le Gouvernement royal à qui il a laissé cette dette avec tant d'autres, s'est empressé non seulement de la reconnoître, mais de prendre, pour la rembourser, des termes assez rapprochés, dont le dernier vient d'expirer. Tous les engagements ont été remplis aux échéances; mais aussi la banque sent de plus en plus l'exubérance d'un capital si disproportionné aux négociations qu'elle peut faire avec sûreté, quoiqu'elle ait racheté successivement 22,100 de ses propres actions. Depuis plusieurs mois, l'or et l'argent qu'elle a en caisse égale presque la valeur de ses billets en émission (1). D'un autre côté, des retenues exorbitantes sur les bénéfices de chaque semestre se sont accumulées au point que la réserve dépasse aujourd'hui 23 millions. On ne conçoit pas pourquoi ce fonds, qui appartient aux actionnaires, ne leur seroit pas immédiatement remis. Ce partage ne diminuera en rien leur revenu, et il ne nuira point au but de l'institution, puisque ce sont les affaires qui manquent aux capitaux de la banque, et qu'elle ne refuse aucun escompte acceptable. D'un autre côté, le public profiteroit de ces mil-

------

(1) Au 1er janvier de cette année, il y avoit en émission pour 97 millions de billets. Le numéraire étoit de plus de 93 millions. Au 1er février, les billets étoient réduits à 95 millions, le numéraire s'élevoit à 102 millions.

lions, retirés si mal à propos de la circulation qui les réclame; tandis que l'abondance du numéraire sur la place faciliteroit les opéra-tions du trésor, et que les fonds qui ne se-ront pas employés par l'industrie particulière iroient, suivant une pente naturelle, se placer dans les emprunts que la concurrence des prê-teurs rendra d'autant moins onéreux pour l'État.

Le Gouvernement, trop juste et trop éclairé pour ne pas sentir tous les avantages qui résul-teront d'une pareille mesure, la présentera sans doute dès cette session à la sanction législative, ainsi que la réduction du capital déja opérée de fait par le rachat des 22,000 actions. L'ad-ministration de la banque de France n'est en-core que provisoire; il importe au crédit public qu'elle soit définitivement constituée par une Loi, qui peut être considérée oomme le com-plément du Budget.

EXTRÉME INÉGALITÉ DE LA RÉPARTITION DE L'IMPÔT FONCIER.

Moyens de rendre cette répartition moins défectueuse.

Déterminer pour combien l'impôt sur les terres doit entrer dans la masse générale des contributions, est sans doute un des problêmes les plus importants de l'économie politique ; mais on conçoit aisément qu'une question aussi complexe ne sauroit avoir de solution générale applicable à tous les pays et même à tous les temps. Ainsi, l'Angleterre dont nous avons imité les institutions politiques, suit, sous ce rapport, un système si différent du nôtre, que l'impôt territorial n'y est pas aujourd'hui la trentième partie du revenu de l'État, tandis qu'en France cette même taxe s'élève au tiers de la masse des contributions. Cependant, cette différence, quelque considérable qu'elle soit, ne nous paroîtroit pas un motif suffisant pour conclure que les propriétaires françois sont surchargés, si cette conséquence ne résultoit de la quotité de l'impôt considéré relativement à ce qui leur reste. On connoît aujourd'hui le revenu foncier du

Royaume avec assez de précision pour pouvoir assurer que, dans les années ordinaires, la valeur nette des produits du sol ne dépasse guère 1400 millions; or, le principal de la contribution foncière étant de 172 millions, cette charge, égale au huitième, environ, du revenu net, seroit tolérable : elle ne l'est plus avec les 50 centimes additionnels qui la portent à près du cinquième.

Mais ce qui rend ce fardeau, déja si lourd, bien plus difficile à supporter, c'est l'excessive inégalité de la répartition, objet de plaintes si justes et si inutilement répétées. Il seroit sans doute chimérique d'espérer une exactitude rigoureuse dans un travail aussi compliqué ; mais lorsque les inégalités sont telles qu'il a été constaté que des propriétaires payent au-delà de la moitié de leur revenu, tandis que d'autres n'en payent pas la centième partie, une disproportion aussi choquante blesse trop les régles de la justice distributive pour ne pas exiger impérieusement une réforme prompte et effective. On a cherché le reméde dans le cadastre, mais ceux-là même qui regrettent le moins les millions et le temps qu'a déja coûtés et que doit coûter encore cette immense opération , conviennent que la plus grande partie de la génération actuelle sera descendue dans le tombeau avant d'avoir vu luire le jour de la justice (1). Il est donc nécessaire de soulager du moins ceux qui souffrent le plus, en attendant que l'on puisse établir entre tous les contribuables cette égalité si desirée et qui ne se montre que dans une perspective lointaine.

Cette mesure est d'autant plus urgente que les réglements en matière de dégrévement ne présentent aux propriétaires surtaxés que des espérances souvent illusoires. On sait que le contribuable le plus imposé ne peut espérer de diminution qu'autant qu'il prouve qu'un autre bien de la·même nature que le sien et situé dans le voisinage paye moins à proportion : cette cotte est alors augmentée de la

---

(1) Les tableaux annexés au grand travail que le directeur du cadastre vient de faire distribuer aux Membres des deux Chambres, démontrent que, même en ajoutant un million aux trois qui sont portés au Budget de cette année, comme à celui de 1817, pour la dépense du cadastre, l'opération ne seroit terminée que dans vingt-cinq ans, et qu'il en coûteroit encore 100 millions. On y voit aussi qu'il a été reconnu que des propriétaires ne payoient que la cent trentième partie de leur revenu, et que d'autres en payoient les deux tiers.

somme qu'il est dispensé de payer. On ne parvient donc à obtenir une justice partielle qu'aux dépens d'un autre, et encore après avoir essuyé des formalités longues, dispendieuses, et qui ne donnent que trop fréquemment lieu à des contestations violentes, sources de haines invétérées. Cet inconvénient est bien grave ; il suffiroit pour faire rejeter un pareil mode de dégrévement, très commode sans doute pour le fisc, qui, dans aucun cas, ne perd rien, mais incompatible avec les principes d'un Gouvernement paternel qui tend par sa nature à éloigner tous les sujets de discorde, à rapprocher, à réunir tous les enfants de la grande famille. Ajoutons que l'exécution des formalités prescrites est souvent impossible. Par exemple, lorsque la totalité des bois d'une ou de plusieurs communes est possédée par le même propriétaire, quelque surchargé qu'il soit, où trouvera-t-il le terme de comparaison que l'on exige pour faire droit à ses réclamations?

Si l'on veut de bonne foi venir au secours de la propriété foncière, et il en est temps, il faut renoncer au mode actuel de dégrévement, mode odieux, lorsqu'il n'est point illusoire, et retrancher de l'impôt ce que les propriétaires surchargés paieront de moins. Mais, dira-t-on, comment remplacer ce vide dans le revenu qui déja est insuffisant ? on pourroit peut-être répondre que, quand il faut emprunter 225 millions pour rétablir le niveau entre la recette et la dépense , ce ne seroient pas quelques millions de plus employés à une destination si évidemment utile à la reproduction , qui nuiroient au crédit , et qui feroient payer l'emprunt plus cher : mais il sera plus satisfaisant d'indiquer un moyen de remplacement sans augmenter les taxes existantes qui sont pour la plupart portées à un taux déja trop élevé. C'est ce que nous ferons, après avoir examiné dans quelle proportion, et suivant quelle base, on doit opérer ce redressement partiel de la répartition.

Nous croyons qu'il seroit convenable de commencer par admettre les réclamations en dégrévement de ceux qui prouveront qu'ils payent au moins le quart de leur revenu net, et de réduire leur cotte au sixième de ce même revenu. Cette diminution ne paroîtra pas trop considérable , si l'on songe que ce taux du sixième est celui des cantons cadastrés dans les départements les plus imposés ; et cependant

dant ces propriétaires éprouveront un grand soulagement. Celui dont le revenu est de 600 fr., et qui, imposé au quart, paye 150 fr., sera dégrevé du tiers de sa contribution, et celui qui, avec le même revenu, est imposé au tiers, c'est-à-dire à 200 fr., sera réduit de moitié. Si cette mesure étoit adoptée dans la session actuelle, elle pourroit recevoir son exécution en 1819; et l'année suivante, on s'occuperoit du soulagement des propriétaires qui payent du quart au cinquième de leur revenu; leur taxe seroit également réduite au sixième. Toutes ces nouvelles cottes seroient ainsi fixées jusqu'à ce que l'achévement du cadastre eût permis d'établir l'égalité proportionnelle entre tous les propriétaires du sol françois. A cette époque, l'impôt foncier deviendroit ce que l'on nomme, en terme de finance administrative, un impôt de quotité. La Loi ayant déterminé, par exemple, que la taxe territoriale sera de 175 millions, somme égale au huitième des 1400 millions que l'on aura trouvé être le produit net foncier, chacun paiera le huitième de son revenu reconnu par le cadastre. Or, cette fixité étant le plus puissant encouragement de l'agriculture, les améliorations progressives élèveroient rapidement les produits ; et l'on peut prévoir qu'après quelques années, la taxe ne seroit plus le huitième, mais seulement le dixième du revenu ; en d'autres termes, le produit du sol seroit de 1750 millions au lieu de 1400.

On ne sauroit se dissimuler que la grande difficulté de ce projet consiste à trouver le moyen de constater d'une manière équitable le revenu de ceux qui réclameront des dégrévements. Il n'est cependant point impossible d'opposer des barrières à la faveur et à l'intrigue. La principale des garanties seroit dans la publicité des opérations et sur-tout des décisions. Je voudrois aussi que les conseils de préfecture, assistés du directeur des contributions, ne jugeassent ces demandes que quand elles auroient été préalablement affichées pendant un mois dans les communes où les biens sont situés, et après avoir reçu l'avis motivé du maire, des répartiteurs, et les observations des contrôleurs des contributions. Le plan de la propriété levé par un arpenteur juré et responsable, seroit annexé à la réclamation, ainsi que l'expédition des baux authentiques, ou, à leur défaut, l'état du revenu évalué sur le taux moyen des quatorze dernières récoltes, dont on retranche les deux meilleures et les deux moins bonnes, le tout constaté pour les prix par les mercuriales, et pour les quotités par des témoins irréprochables: Je voudrois enfin tout ce qui peut éclairer les juges, mais je rejetterois les formalités longues, multipliées, dispendieuses, dont le but caché est d'écarter les demandes les plus justes, parceque, tout calcul fait, le contribuable aime encore mieux supporter une taxe exorbitante que d'obtenir à ce prix le dégrèvement qui lui est dû: ce subterfuge fiscal est indigne d'un Gouvernement équitable et légitime; gardien de la morale publique, il doit prêcher d'exemple : la loyauté est sa politique.

Il est difficile de prévoir avec quelque exactitude le montant de la réduction qu'éprouveroit la contribution foncière par ces premiers dégrèvements. J'ai lieu de croire que cet impôt ne seroit pas diminué de sept millions, et cette conjecture acquiert de la vraisemblance, si l'on considère que le sixième du Royaume est aujourd'hui cadastré, et que dans les cantons où cette opération est terminée, les inégalités les plus choquantes de la répartition individuelle n'existent plus.

C'est ici qu'il convient d'indiquer le moyen qui nous paroît préférable pour combler le vide que la diminution de l'impôt foncier laisseroit dans la masse générale des revenus de l'État, sans augmenter le tarif des contributions existantes. La taxe que je propose tomberoit sur la seule branche d'industrie qui n'ait point jusqu'ici concouru directement au soutien des charges publiques, et dont cependant les profits ont été très considérables, pendant qu'au-dehors, le commerce étoit nul, et qu'il languissoit dans l'intérieur. C'est assez indiquer l'exploitation des terres.

J'avoue que je ne conçois pas pourquoi les fermiers ne payent pas de patente. Une grande exploitation agricole n'est-elle pas une grande manufacture? et faut-il moins d'art et d'intelligence pour faire pousser de la laine d'Espagne en France, que pour fabriquer une aune de drap? On diroit que la terre accorde spontanément ses produits si variés, et qu'une active industrie n'est point nécessaire pour diriger sa culture; et pourtant personne ne conteste la justesse de ce vieil adage: « *Tant vaut l'hom-* « *me, tant vaut la terre.* » La vérité est que de tous les arts industriels, il n'en est aucun qui demande plus d'expérience raisonnée que l'agriculture ; ses immenses progrès en Angleterre et en France en sont la preuve irrécusable. Au reste, nous ne prétendons point faire l'éloge du système des patentes et des licences, nous connoissons ses inconvénients ; mais il faut renoncer à faire payer cette taxe aux fabricants, aux artistes, aux simples artisans, ou leur assimiler les fermiers, ainsi que les propriétaires qui exploitent eux-mêmes leurs terres. Ici on a même l'avantage de pouvoir asseoir l'impôt sur une base qui ne prête pas à l'arbitraire, ce qui n'existe pas pour la plupart des professions. Rien n'est plus facile que de connoître le nombre des charrues ; la première, par exemple, pourroit être taxée à 12 fr., la seconde à 18, le surplus à 24 fr.; on auroit aussi égard dans le tarif à la qualité des terres divisées en trois classes, bonne, médiocre, et mauvaise. Les calculs approximatifs que l'on trouvera dans la note ci-jointe, me portent à croire que cet impôt, si facile à percevoir, et qui n'entraîneroit ni exactions, ni création de nouveaux employés, rapporteroit plus de sept millions (1). Nous ne proposons point d'étendre cette contribution aux vignerons; ce n'est pas que leur profession ne suppose aussi une industrie, mais elle est bien plus restreinte, et leurs profits sont si incertains, et leurs pertes si fréquentes, que leur pauvreté est presque proverbiale. D'ailleurs les droits nombreux et chers que supportent les boissons retombent en partie sur eux.

Il nous reste à répondre à la seule objection que l'on puisse faire contre ce genre d'imposition. C'est qu'en dernière analyse, ce seroient les terres qui paieroient; mais si cette objection est fondée relativement à celles qui sont exploitées par les propriétaires, on doit aussi convenir que le renchérissement prolongé des grains les met en état de supporter aisément une très petite charge dont le produit est d'ailleurs destiné à dégréver ceux d'entre eux qui

---

(1) Les meilleurs documents que l'on ait sur la statistique portent à plus de 16 millions d'hectares la surface des terres labourables que contient la France. On compte ordinairement quarante hectares pour le labour d'une charrue; il y a donc lieu de croire que le nombre des charrues dépasse quatre cent mille, qui, au taux moyen de 18 fr., produiroient 7,200,000 fr.

payent le plus; pour se convaincre combien cette augmentation est légère, il suffira d'observer qu'un domaine de mille arpents (cinq cents hectares), dont une moitié en bois, prés et vignes, l'autre en terres labourables, n'exige que six charrues. Suivant le tarif proposé, le propriétaire paieroit 126 fr. pour un revenu de 30 ou 40 mille francs. Or, s'il est trop imposé, la diminution qu'il obtiendra sur sa contribution sera probablement beaucoup plus considérable, peut-être dix fois, vingt fois plus forte que la patente d'exploitation, où il paye dans une proportion relativement trop foible, et alors il est juste qu'il contribue de cette foible somme à réparer une injustice qui dure depuis tant d'années. A l'égard des terres affermées, il est évident que pendant toute la durée des baux existants, la taxe porteroit entièrement sur les profits des fermiers et non pas sur les possesseurs des terres; mais comme la base du loyer a été le taux présumé de la moitié au plus de la valeur actuelle des grains, et que la durée, déja longue, de ce grand renchérissement est illimitée, n'est-il pas juste que ceux qui font ce gain inespéré viennent un peu au secours des propriétaires, dont la dépense, comme consommateurs, est si fort augmentée. Mais, dira-t-on encore, lorsqu'il s'agira de renouveler le bail, le fermier ne manquera pas de déduire de ses offres le prix de la patente, et ce sera en définitif le propriétaire qui la paiera. Quelque probable que soit ce résultat, les choses ne se passent pas ainsi; l'expérience prouve que l'industrie supporte la presque totalité de ces nouvelles charges. Et, par exemple, on ne s'aperçoit point que le revenu des moulins ait diminué, depuis que les meuniers payent des patentes; cependant cette taxe est pour eux du vingtième de leur loyer, tandis que celle qui porteroit sur les fermiers ne seroit pas du centième : calcul fait, ils paieroient environ trois sous par arpent, somme évidemment trop minime pour influer sur le prix d'une location.

La nature sommaire de cet écrit ne me permet point d'entrer dans de plus longs détails; ce ne sont point d'ailleurs des projets de Loi que je présente, ce sont de simples aperçus que je crois devoir indiquer à la Chambre qui va s'occuper de cette importante question : si mes vues sont accueillies dans cette grande et respectable réunion de propriétaires, on y saura bien mieux, que je ne pourrois le faire, aplanir les difficultés qui s'opposeroient à l'exécution d'un plan dont le résultat est si généralement desiré ; et, dès l'année prochaine, les propriétaires les plus surchargés jouiroient enfin d'un bienfait qu'ils attendent depuis si long-temps.

CONCLUSION.

Il y auroit sans doute plusieurs autres observations à faire sur le Budget : mais celles-ci
m'ont paru d'un intérêt pressant. Au reste,
l'examen de ce grand travail devient chaque
année plus facile. Le Gouvernement a reconnu
que la publicité de toutes les opérations de
finance étoit non seulement le devoir d'un mi-
nistère responsable, mais encore la base du
crédit; il attache donc une grande importance
à présenter des comptes si clairs que l'intelligence la plus commune puisse les comprendre,
et si détaillés que rien d'essentiel n'y soit omis:
c'est dans cette vue que les dépenses des divers
ministères et celles de toutes les régies sont
maintenant annexées au Budget. Ainsi chacun
peut aisément s'instruire des besoins du trésor,
des ressources de l'État. La franchise de ces
communications, en prouvant la pureté des
intentions de celui qui les fait, a encore un
autre avantage; elle repousse efficacement ces
grands abus qui prospèrent dans les ténébres,
et que la lumière tue. Cependant on auroit
tort de conclure que cette partie de l'adminis-

tration ne soit pas comme toutes les autres, susceptible d'améliorations considérables. On conçoit aisément que les taxes pourroient être et mieux balancées et plus également réparties, qu'il seroit possible de rendre les recouvre-ments plus prompts et moins dispendieux, enfin de trouver les moyens de diminuer les frais de négociations et de préparer à l'avance des emprunts moins onéreux. Mais si ces idées se présentent naturellement à ceux qui réflé-chissent sur nos finances, n'est-il pas juste de convenir que jamais tant de difficultés ne se sont accumulées pour empêcher ceux qui les dirigent de songer aux réformes, même à celles qui promettent les plus heureux résultats. Depuis plus de deux ans, tous les efforts, tou-tes les ressources suffisent à peine pour faire face, à-la-fois, au service courant, et à ces charges extraordinaires, besoins impérieux qui n'admettent ni discussions, ni délais. Comment exiger de celui qui est prêt à succomber sous le poids de la journée qu'il s'occupe de l'avenir ? Ajoutez à tous ses embarras l'obligation d'une surveillance immense, et qui doit être bien autrement active lorsqu'une révolution aussi longue que terrible a relâché les liens de la morale et de la religion qui seront toujours les meilleures garanties. Il faut l'avouer : tout seroit au pillage, si déja long-temps avant la restauration, la nécessité n'avoit fait multiplier, sur-tout dans la partie des recettes, les précautions de toute espèce contre la négligence, la cupidité et la fraude. Ce système de répression, perfectionné à diverses époques, est aujourd'hui combiné avec tant d'art, que les dilapidations des deniers publics, auxquels le vulgaire ignorant et soupçonneux croit si légèrement, sont devenues presque impossibles. Non seulement le montant des recettes, mais leur époque précise est constatée par les livres des receveurs souvent inspectés à l'improviste ; mais ces écritures sont contrôlées par des pièces déposées aux préfectures, et dont la conformité est indispensable, en sorte que la collusion entre tant de personnes isolées, et même inconnues l'une à l'autre, est de toutes les choses, la plus improbable. Quant aux dépenses, ordonnancées en exécution des votes de crédit, acquittées par les parties prenantes, elles ne sont allouées qu'après avoir été vérifiées et jugées par la Chambre des Comptes.

Il résulte de tout ceci, qu'il n'y a plus d'autre refuge pour la fraude que dans la partie, pour ainsi dire, confidentielle de l'administration, celle où se font les négociations et les traités, et qu'elle peut encore se glisser parmi les préposés des contributions indirectes et des douanes dont elle cherche sans cesse à corrompre la surveillance. Mais dans tous les pays, cet asile de la corruption est inexpugnable ; l'inconvénient tient à la nature des choses, et le seul remède est dans le choix d'hommes d'honneur et d'une probité reconnue. Au reste, s'il existe des malversations, ce n'est pas dans les Budgets qu'on en trouvera la trace. Là, tout est exact, régulier, tous les comptes sont appurés. S'il se glisse des erreurs dans la confection de cet immense travail, composé de tant d'éléments divers, elles se découvrent d'elles-mêmes lorsqu'on en compulse les parties pour les réunir et former l'ensemble : c'est comme dans le bilan d'une grande maison de commerce, où, jusqu'aux centimes, tout doit être exactement balancé. Aussi, perd-on bien gratuitement son temps et ses peines, lorsqu'au lieu de se livrer à la discussion, qui pourroit être si utile, des projets que contient la Loi de finances, on y cherche des fautes; mais si l'on croit en avoir trouvé, et sur-tout pour des sommes énormes, comme de telles erreurs sont impossibles dans un compte appuyé de pièces authentiques, il faut, au lieu de répandre de vaines alarmes, recommencer son travail jusqu'à ce que l'on ait découvert la cause de ces différences.

BIBLIOTHÈQUE ROYALE

FIN.

TABLE DES MATIÈRES.

www.ingramcontent.com/pod-product-compliance
Ingram Content Group UK Ltd.
Pitfield, Milton Keynes, MK11 3LW, UK
UKHW020005080726
13614UKWH00003B/1272